LETTRE DE M. TOURASSE

AUX

MAIRES ET CONSEILLERS MUNICIPAUX

DES BASSES-PYRÉNÉES

RELATIVEMENT A LA CRÉATION

DE BIBLIOTHÈQUES CANTONALES

———•—•◄—

PAU

IMPRIMERIE VERONESE

RUE PRÉFECTURE,

——

1879

LETTRE DE M. TOURASSE

AUX

MAIRES ET CONSEILLERS MUNICIPAUX

DES BASSES-PYRÉNÉES

RELATIVEMENT A LA CRÉATION

DE BIBLIOTHÈQUES CANTONALES

———◦———

PAU
IMPRIMERIE VERONESE
RUE PRÉFECTURE, 11
1879

LETTRE DE M. TOURASSE

A MM. LES MAIRES ET CONSEILLERS MUNICIPAUX

DU DÉPARTEMENT

RELATIVEMENT A LA CRÉATION DE BIBLIOTHÈQUES CANTONALES

MESSIEURS,

S'adressant à ses concitoyens des Etats-Unis, Horace Mann disait : Si j'en étais le maître, je sèmerais des livres par toute la terre, comme on sème du blé dans les sillons.

Je suis tellement persuadé du bien que peuvent faire les bons livres au point de vue de l'instruction et de la moralisation populaires, que j'ai résolu de consacrer une grande partie de mes ressources disponibles à créer ou à développer des bibliothèques à la portée de tous dans notre département.

Grâce au concours des autorités administratives, des instituteurs et de vous tous, Messieurs, il m'a déjà été permis de distribuer quatre mille volumes aux bibliothèques scolaires ; à la fin de cette année, je récompenserai encore les élèves qui par leurs petites économies auront su acquérir un livret de caisse d'épargne.

J'espère que de votre côté vous voudrez bien voter quelques légères subventions pour acheter l'armoire destinée à conserver ces livres, ou si vous l'avez déjà, pour grossir le nombre trop restreint des volumes qu'elles possèdent.

Je viens aujourd'hui, Messieurs, vous entretenir d'un projet plus vaste, plus immédiatement profitable ; je veux parler des bibliothèques cantonales d'adultes.

Sans doute la bibliothèque scolaire peut bien légalement renfermer et en fait renferme parfois quelques livres pour les habitants adultes de la commune ; mais ces ouvrages sont bien vite lus et les faibles ressources du budget communal ne permettent pas de les renouveler ; à peine sont-elles suffisantes pour procurer des livres de classe aux élèves indigents ou quelques volumes de lecture courante pour les enfants.

De longtemps, la plupart des communes rurales ne pourront songer à avoir une bibliothèque un peu complète à l'usage des adultes ; mais ce que ne peuvent faire les communes isolées et réduites à leurs propres forces, elles peuvent l'obtenir en associant leurs efforts et surtout en s'appuyant sur la ville chef-lieu de canton.

Réduisons donc la bibliothèque scolaire à son rôle véritable qui est de fournir des livres aux enfants, et fondons à chaque chef-lieu de canton une bibliothèque composée d'un grand choix d'ouvrages où tout habitant du canton, désireux de s'instruire, pourra emprunter les livres à sa convenance.

Telle est, Messieurs, l'œuvre nouvelle que je vous propose de faire, et pour laquelle je viens vous offrir d'importantes subventions, en vous demandant de vouloir bien y contribuer de votre côté pour une part.

CONDITIONS DE LA SUBVENTION

Voici les propositions que j'ai l'honneur d'adresser à chaque chef-lieu de canton pour la fondation d'une bibliothèque cantonale :

Je m'engage à donner *immédiatement* en livres une somme calculée à raison de 10 centimes par habitant *du canton tout entier*, à la condition que le conseil municipal du chef-lieu de canton votera une somme de 10 centimes par habitant *du chef-lieu de canton seulement*.

Le tableau suivant contient du reste dans ses colonnes la subvention que j'offre et celle que je demande, calculées d'après les chiffres de population du dernier recensement.

BIBLIOTHÉQUES CANTONALES.	CANTONS.	SOMME offerte par M. TOURASSE à raison de 10 centimes par habitant de tout le canton.	SOMME à verser par le chef-lieu de canton à raison de 10 centimes par habitant du chef-lieu de canton.	TOTAL.
1 Montaner........	1	506 40	78 80	585 20
2 Lasseube........	1	437 30	236 60	673 90
3 Aramits...... ...	1	588	104	692
4 Thèze.	1	664 90	52	716 90
5 Laruns........	1	589 30	225 20	814 50
6 Labast.-Clairence .	1	674 30	147 20	821 50
7 Iholdy..........	1	769 90	85 80	855 70
8 Garlin..........	1	753 50	131 30	884 80
9 Sauveterie	1	784 80	151 80	936 60
10 Tardets.........	1	875	103 60	978 60
11 Lagor	1	872 10	114 80	986 90
12 Arthez	1	870 40	140 90	1,011 30
13 Espelette	1	854 30	157	1,011 30
14 Lescar..........	1	896 60	185 50	1,082 10
15 Arzacq..........	1	970	126 40	1,096 40
16 Navarrenx	1	984 80	130	1,114 80
17 Accous	1	980 50	136 90	1,117 40
18 Ustaritz....... ..	1	894 30	234 20	1,128 50
19 Arudy..........	1	968 70	180 10	1,148 80
20 Pontacq........	1	882 80	275 40	1,158 20
21 Bidache.	1	905 10	259 60	1,164 70
22 St-J.-Pied de-Port	1	1,021 10	164 10	1,185 20
23 Lembeye........	1	1,128 50	117	1,245 50
24 St-Et.-de-Baïgorry	1	1,023	245 10	1,268 10
25 Morlàas........	1	1,139 10	148 30	1,287 40
26 Moncin.........	1	947 60	449 40	1,397
27 Mauléon........	1	1,188 90	210 80	1,399 70
28 Hasparren	1	947 80	556 60	1,504 40
29 St-Palais........	1	1,356 80	188 20	1,545
30 Salies	1	1,230	514	1,744
31 St-Jean-de-Luz ...	1	1,531 90	408 30	1,940 20
32 Orthez..........	1	1,407 90	662 40	2,070 30
33 Nay............	2	2,400 30	323 30	2,723 60
34 Oloron!.........	2	2,110 80	864 40	2,975 20
35 Bayonne........	2	4,396 20	2,741 60	7,137 80
36 Pau...........	2	4,599 60	2,890 80	7,490 40
	40	43,152 50	13,741 40	56,893 90

Vous voyez par ce tableau, Messieurs, que la subvention de 10 centimes par habitant du chef-lieu de canton est peu élevée pour la ville qui possédera la bibliothèque, surtout si vous voulez bien considérer que la commune chef-lieu recevra immédiatement, et quoique puissent décider les autres communes du canton, une subvention proportionnelle au nombre des habitants du canton entier.

Ainsi, Montaner qui a 788 habitants, n'aura à voter que 78 fr. 80 pour recevoir un don de livres de 506 fr. 40, le canton entier ayant une population de 5,064 habitants.

St-Etienne-de-Baïgorry qui a 2,451 habitants devra donner 245 fr. 10 pour avoir 1,023 fr. d'après le chiffre total des habitants du canton qui est de 10,230.

Si, dans la session ordinaire de mai, le conseil municipal déclarait ne pas avoir les ressources nécessaires pour voter la subvention indiquée au tableau ci-dessus, un certain nombre d'habitants pourraient s'entendre pour réunir le même chiffre par voie de souscription, ou pour compléter la somme si le conseil n'avait pu voter qu'une allocation partielle.

Je n'en donnerais pas moins la même subvention aux mêmes conditions ; les souscripteurs décideraient de la question de savoir si la bibliothèque sera municipale ou libre.

Enfin, en cas de refus par les habitants du chef-lieu de canton d'établir la bibliothèque cantonale, je me réserve après un délai de 6 mois, à dater de la présente lettre, de reporter les mêmes propositions à une autre commune du canton qui présenterait des facilités d'exécution, soit par le chiffre de ses habitants, soit par sa position géographique, soit par d'autres circonstances favorables, telles que celle d'un marché se tenant sur son territoire, celle de la résidence d'un percepteur ou d'un receveur des postes, etc.

La bibliothèque cantonale ainsi fondée prêtera gratuitement ses livres aux habitants du chef-lieu de canton d'après un règlement arrêté par les organisateurs et dont vous trouverez un modèle à la fin de cette lettre.

Elle admettra ensuite les habitants des autres communes du canton à emprunter des livres sur le pied de la plus complète égalité, au fur et à mesure que le Conseil municipal de ces communes ou un groupe d'habitants auront versé leur souscription à raison de dix centimes par habitant de la commune d'après le tableau du dernier recensement. (Recueil des actes administratifs 1878 n° 10 p. 73).

Si une commune ou un groupe d'habitants de cette commune se refusaient à verser cette subvention pour ouvrir à tous l'accès de la bibliothèque, un particulier pourrait emprunter des livres pour lui et sa famille vivant avec lui, moyennant une cotisation annuelle de deux francs.

Par ce moyen, toute liberté est laissée aux municipalités et aux habitants des communes ; le refus de l'une ne peut pas faire échouer l'entreprise conçue dans l'intérêt de toutes, et l'avenir est réservé.

EXCEPTIONS

Un certain nombre de chefs-lieux de canton possèdent déjà des bibliothèques publiques municipales ou libres ; pour ceux-là je crois devoir faire exception ; plutôt que d'établir une nouvelle bibliothèque cantonale, je préfère favoriser l'extension d'œuvres qui ont déjà fait leurs preuves et rendu des services. C'est donc à elles que j'adresse mes offres, pourvu toutefois qu'elles étendent leurs prêts aux habitants du canton dans les conditions plus haut mentionnées, et que la municipalité ou les habitants consentent à leur donner la subvention portée au tableau ci-dessus.

Ainsi Morlaas a un musée cantonal auquel est annexée une petite bibliothèque dont les livres sont déjà prêtés aux instituteurs de tout le canton ; que le Conseil municipal de

Morlaas (ou à son défaut les habitants) donne une subvention de 148 fr. 30 à l'œuvre du musée cantonal, que les administrateurs de ce musée s'engagent à prêter des livres aux habitants des communes du canton, au fur et à mesure que ces communes apporteront leur contingent de 10 centimes par habitant, ou à une personne isolée qui paiera 2 fr. par an, aussitôt je donnerai à l'œuvre 1,139 fr. 10 centimes de livres excellents tout reliés, soit environ 420 volumes.

Lembeye a une bibliothèque populaire ; Bidache, une bibliothèque assez importante dont j'ignore le caractère particulier ; les populations de ces villes ont déjà apprécié le bienfait de cette institution ; je ne doute pas qu'elles ne veuillent profiter de la circonstance pour enrichir leur œuvre et la mettre à la disposition du plus grand nombre.

St-Jean-de-Luz, Oloron ont des bibliothèques municipales dont les livres sont, je crois, consultés sur place et ne peuvent être emportés au dehors ; qu'à l'exemple de ce qui se fait aux Etats-Unis, ces villes fassent deux parts des livres de leur bibliothèque ; qu'elles réservent pour la consultation sur place, les dictionnaires, les grands recueils, les éditions de luxe, les livres rares, et qu'elles laissent libéralement sortir les livres d'instruction et de récréation populaires ; ce fonds, joint aux livres provenant de la combinaison que je propose ici, constituera une belle bibliothèque circulante qui alimentera facilement tous les habitants du canton ayant le désir de s'instruire. Par une subvention de 408 fr. 30, St-Jean-de-Luz recevra de moi immédiatement des livres pour une valeur de 1,531 fr. 90 ;

Et Oloron par le versement de 864 fr. 40 aura droit à 2,110 fr. 80 de livres.

On aura ainsi d'importantes bibliothèques cantonales.

Orthez ne possède, je crois, qu'une bibliothèque circulante annexée au temple protestant ; elle prête chaque année de nombreux volumes, même à des personnes de culte différent.

Cependant elle présente un caractère confessionnel manifeste ; pour ce motif je crois qu'il vaut mieux fonder une bibliothèque municipale cantonale ou une bibliothèque populaire libre, mais toujours cantonale.

A Pau, à Bayonne, il existe deux bibliothèques populaires qui ont fait leurs preuves et qui ont rendu de grands services à la population ; c'est elles qu'il convient de favoriser.

L'importante subvention que leur attribue le chiffre élevé de la population leur permettra d'offrir aux lecteurs une grande variété de livres et d'étendre ainsi notablement leur clientèle. Elle leur donnera puissance et durée.

Je ne doute pas que les municipalités éclairées de ces deux cités ne votent les subventions de 2,741 fr. 60 pour Bayonne et de 2,890 fr. 80 pour Pau, non-seulement afin d'obtenir les dons de livres de 4,396 fr. 20 et de 4,599 fr 60 que je puis leur offrir pour leurs bibliothèques populaires ; mais aussi et surtout pour donner l'exemple et décider un grand mouvement en faveur des bibliothèques cantonales de tout le département.

QUELQUES EXPLICATIONS

Si, comme je l'espère, vous acceptez mes propositions, Messieurs, quelques explications sont nécessaires sur les détails de l'exécution; je dois prévoir quelques difficultés et répondre d'avance à certaines objections qui pourront être formulées.

La fondation d'une bibliothèque populaire implique en dehors des livres qui la composent, une armoire pour les conserver, un local pour lui donner asile, des hommes de bonne volonté pour l'administrer.

La subvention municipale ou la souscription locale sera employée principalement à l'acquisition du corps de bibliothèque ou armoire qui devra être assez vaste, simple et solide.

Le bois blanc qu'on peut peindre, avec portes munies d'un grillage serré en fil de fer, est très-suffisant.

Le surplus de la subvention servira à acheter des livres.

Ma subvention sera intégralement employée à l'acquisition des livres qui composeront la bibliothèque.

Après mûr examen des catalogues de diverses maisons de librairie, je me suis décidé à puiser exclusivement dans le catalogue de la Société Franklin, dont MM. les Maires de chef-lieu de canton recevront un exemplaire en même temps que cette lettre.

La Société Franklin qui s'est donné la mission de propager partout en France les bibliothèques populaires, a dressé ce catalogue en prenant parmi les meilleurs ouvrages que l'esprit humain ait produits, ceux qui convenaient le mieux à l'éducation populaire. Composée d'hommes éclairés appartenant à toutes les nuances d'opinion, elle agit en dehors de tout esprit de parti ou de secte.

Son œuvre a reçu l'approbation des ministères de l'Instruction publique et de la Guerre; à l'Exposition universelle de 1878 une médaille d'or lui a été décernée; enfin elle vient d'être reconnue d'utilité publique.

C'est vous dire que les livres que je vous offre sont irréprochables comme moralité.

Afin d'inspirer le goût de la lecture à ceux qui n'en ont pas encore l'habitude, j'ai écarté les livres trop sérieux et j'ai surtout choisi des livres intéressants et même amusants.

La Société Franklin offrait encore les avantages suivants:

En s'adressant à elle seule, on peut obtenir des livres de tous les éditeurs de Paris et même de France.

Grâce à ses nombreuses commandes et aussi à cause du but philanthropique qu'elle poursuit, elle nous fait profiter d'un rabais de 25 % en moyenne. Enfin elle fait relier les livres en toile bisonne, reliure propre, solide et d'un prix peu élevé. Je ne saurais donc trop vous engager, Messieurs, à vous adresser également à elle pour les choix que vous aurez à faire.

Si tel est votre sentiment, je pourrai même vous éviter des frais de transport assez onéreux pour les petits envois ; faites-moi connaître la somme que vous pourrez consacrer à l'achat des livres, après que l'armoire aura été payée, et je ferai venir vos livres en même temps que les miens, avec cet avantage que nous éviterons ainsi les doubles emplois.

Pour les mêmes raisons, je ne saurais trop engager les communes rurales à voter dans la session de mai leur subvention de 10 centimes par habitant de la commune.

Quant aux bibliothèques des grandes villes qui ont déjà de nombreux volumes, elles voudront bien me fournir leur catalogue, et désigner un de leurs membres pour s'entendre avec moi sur les acquisitions qu'il conviendra de faire.

La mairie ou quelque bâtiment municipal donnera certainement asile à la bibliothèque cantonale qui sera ouverte au public deux ou trois heures le dimanche et, s'il est possible, le jour de marché.

Le secrétaire de la mairie, l'instituteur, se chargeront de dresser le catalogue des livres, et s'adjoindront quelques personnes de loisir et de bonne volonté pour veiller à la distribution des livres et à la constatation régulière des prêts qui doit être faite avec soin, si on veut que les livres ne se perdent pas.

Les livres pourront rester un mois entre les mains des lecteurs ; des lettres de rappel seront envoyées aux retardataires pour le prix d'un centime.

Je donnerai du reste à chaque bibliothèque *les registres et imprimés nécessaires* pour commencer à faire fonctionner l'œuvre dans de bonnes conditions.

Au fur et à mesure que les communes rurales du canton, comprenant l'importance et les avantages de l'œuvre, y accèderont, elles apporteront leur contingent de dix centimes par habitant, qui permettra l'acquisition de nouveaux volumes.

Plus tard, quand l'utilité et les bienfaits de l'œuvre seront compris de tous, je ne doute pas que les communes ne vo-

tent pour l'entretien de ces bibliothèques de modiques subventions annuelles, que les lecteurs aisés ne se groupent en
comités pour récolter des cotisations ou des souscriptions.

Les dons des particuliers soit en argent soit en livres apporteront de nouvelles ressources ; enfin les subventions du
Conseil général et les concessions du ministère de l'Instruction publique ne feront pas défaut.

La seule objection sérieuse qu'on puisse faire aux bibliothèques cantonales, c'est qu'elles seront encore bien éloi-
gnées de certains villages, assez distants du chef-lieu de
canton pour qu'il soit difficile aux lecteurs d'y venir chercher des livres.

Cela sera difficile, j'en conviens, mais non impossible.
Les hommes de bonne volonté, (et il s'en trouve toujours,)
en venant chercher des aliments pour eux-mêmes, en
emporteront pour leurs amis moins zélés.

Mieux encore les bibliothèques riches en volumes pourront
essayer le système du roulement préconisé par un ministre
dans une circulaire assez récente.

La bibliothèque du chef-lieu de canton établira dans
telles communes trop écartées une sorte de succursale ; elle
y déposera des caisses de 30, 50, 100 volumes suivant ses
ressources, qu'elle remplacera l'année suivante par des
livres nouveaux.

Dix caisses peuvent ainsi alimenter dix communes pendant dix années.

Il faut seulement de l'entente et de la bonne volonté. Je
compte sur les bibliothèques de grande ville pour faire cette
expérience.

Par ces moyens, l'institution des bibliothèques cantonales
prendra ainsi peu à peu tout son essor.

Vous rencontrez rarement des conditions aussi favorables
que celles qu'il m'est permis aujourd'hui de vous offrir,
j'espère que les quarante chef-lieux de canton répondront
favorablement à mon appel.

Les bons livres, Messieurs, sont le pain de l'intelligence,

nourriture non moins nécessaire au progrès de l'esprit public et des mœurs que le pain de froment à l'entretien de notre corps.

Quand une fois on en a goûté, on ne peut plus s'en passer et on y trouve force et plaisir.

Pensez aussi aux heures nombreuses que la lecture enlève au cabaret, à l'oisiveté, à la paresse ; songez aux idées grandes et nobles, aux sentiments généreux qu'elle éveille dans l'âme de tous et surtout de la jeunesse.

Bienfaisantes partout, les bibliothèques populaires sont indispensables dans un état démocratique, dans un pays de suffrage universel.

Pau, le 1ᵉʳ avril 1879.

TOURASSE

P.S. — M. Piche, ancien conseiller de Préfecture, secrétaire de la bibliothèque populaire de Pau, qui m'a déjà prêté son concours dans plusieurs des œuvres que j'ai entreprises, veut bien me donner sa collaboration toute spéciale pour l'établissement des bibliothèques cantonales; c'est à lui (rue Montpensier nᵒ 8) que vous devrez adresser toutes les communications relatives à l'exécution.

MODÈLE DE RÈGLEMENT

(DONNÉ A TITRE D'INDICATION SEULEMENT)

—

RÈGLEMENT DE LA BIBLIOTHÈQUE CANTONALE DE..

Art. 1er. Il est fondé à ....
une bibliothèque populaire municipale (ou libre) ayant pour
but de prêter des livres aux habitants du canton.

Art. 2. La bibliothèque est administrée par une commission composée du juge de paix, du maire, du secrétaire de
la mairie, de l'instituteur, de deux conseillers municipaux
désignés par le Conseil et de deux habitants choisis par lui
hors de son sein.

(*Si la bibliothèque est libre*) : Art. 2. La bibliothèque est
administrée par une commission de 9 personnes élues par
les souscripteurs du chef-lieu de canton. La commission
est nommée pour trois ans, et renouvelable par tiers
chaque année.

Art. 3. La commission désignera un bibliothécaire chargé
de veiller à l'installation de la bibliothèque, à sa conservation
et à son fonctionnement.

Art. 4. Les livres seront catalogués avant d'être mis en
lecture.

Art. 5. La bibliothèque est ouverte le dimanche de telle
heure à telle heure, et le jour de marché de .... à ....

Art. 6. Chaque séance de distribution aura lieu sous la
présidence d'un membre de la commission aidé de quelque
personne de bonne volonté.

Art. 7. Le prêt des livres est gratuit pour les habitants du chef-lieu de canton et pour ceux des communes qui auront fourni une subvention une fois donnée de 10 centimes par habitant, d'après le tableau du dernier recensement.

Art. 8. Tant qu'une commune n'aura pas fourni sa subvention, un particulier pourra emprunter des livres pour lui et les membres de sa famille vivant à son foyer en payant une cotisation annuelle de 2 francs.

Art. 9. Les lecteurs doivent avoir au moins 18 ans et être domiciliés dans le canton.

Art. 10. Tout nouveau lecteur doit déclarer ses nom, prénoms, profession, âge et domicile, qui sont inscrits sur un répertoire alphabétique.
S'il est inconnu du bibliothécaire il devra être présenté par une personne connue.

Art. 11. Il lui sera remis une carte portant un numéro et les indications de l'article précédent, carte qu'il devra représenter en venant échanger les livres.

Art. 12. Les lecteurs du chef-lieu de canton ne peuvent emporter qu'un volume à la fois.

Art. 13. Ceux des autres communes peuvent en emporter deux, (trois même s'il y a peu de lecteurs ruraux et que la bibliothèque compte un assez grand nombre de volumes).

Art. 14. Les livres doivent être lus avec soin, conservés à l'abri de toute cause de détérioration et rendus dans l'état où ils étaient au moment du prêt.

Art. 15. Le lecteur s'engage à payer les livres perdus ou le prix de la détérioration fixé par le bibliothécaire.
Celui qui refuserait de payer serait suspendu du droit de lire jusqu'à paiement, sans préjudice des poursuites qui pourraient être intentées contre lui.

Art. 16. Les livres doivent être rapportés dans le délai d'un mois au plus tard, à peine de suspension du droit de lire pendant un mois.

Art. 17. Le lecteur en retard sera averti par un avis imprimé envoyé par la poste, et s'il ne rapporte pas le volume dans la semaine, il sera suspendu du droit de lecture pendant 6 mois (ou 1 an).

Art. 18. La police de la salle aux jours de distribution est faite par le président de séance.

Art. 19. Les prêts seront constatés avec soin sur un registre spécial à ce destiné.

www.ingramcontent.com/pod-product-compliance
Lightning Source LLC
Chambersburg PA
CBHW060727280326
41933CB00013B/2578